Comment tout a commencé
How it all started...

Dans mon jardin, il y a un arbre qui a une porte magique...

In my garden, there is a tree that has a magical door...

Elle conduit à Twinkle Farm, une terre enchantée où vit un chaton nommé Bubble.

It leads to Twinkle Farm, an enchanted land where lives a kitten named Bubble.

De derrière la porte magique, Bubble peut me voir...

From behind the magical door, Bubble can see me.

Un jour Bubble est sorti et on est devenu meilleurs amis..

One day Bubble came out and we became best friends.

Bubble a fini par devoir rentrer à Twinkle Farm, mais il ne m'a jamais oubliée Maintenant il m'écrit un livre tous les mois.

Bubble had to eventually go back to Twinkle Farm, but he never forgot about me. Now he writes me a book every month.

Ses livres sont pleins d'amour et de bons conseils. Lisons-les ensemble!

His books are full of love and good advice. Let's read them together!

Ma chère amie,
Comment ça va? On a été bien occupés à Twinkle Farm. On a fait quelque chose de spécial pour Donny Donkey.

My dear friend,
How are you? We've been busy at Twinkle Farm. We did something special for Donny Donkey.

D'abord, il faut que je vous parle de notre drôle d'ami Donny Donkey.

First, I have to tell you about our funny friend Donny Donkey.

Il habite avec son Papa et son Papi dans une maison troglodyte douillette.

He lives with his daddy and grandpa in their cosy cave house.

Donny est un petit coquin: par exemple, il ne range jamais sa chambre.

Donny is a bit naughty: for example, he never tidies up his bedroom!

Au lieu de manger ses légumes, il les cache sous son chapeau.

Instead of eating his vegetables, he hides them under his hat!

Et il mange beaucoup trop de gâteaux et de sucreries.

And he eats way too much cake and sweets!

Il rote beaucoup...   He burps a lot...

...et pète aussi.   ...and farts too.

A l'heure du bain, il fait des éclaboussures partout pour faire croire qu'il se lave.

At bath time, he splashes the water to pretend he is washing!

Si bien que, parfois, il sent vraiment mauvais!

So sometimes he smells really bad!

Mais, malgré tout ça, Donny Donkey est notre ami, et on l'aime beaucoup. Pourquoi ça, tu pourrais demander?

But despite all that, Donny Donkey is our friend and we love him very much! Why is that you may ask?

Parce que, quand Matty Monkey est tombé malade, Donny est resté avec lui toute la nuit pour qu'il ne se sente pas seul.

Because when Matty Monkey got sick, Donny stayed with him all night long, so he didn't feel alone.

Parce que, quand je suis rentré à Twinkle Farm et que je ne marchais pas bien, Donny m'a porté sur son dos.

Because when I came back to Twinkle Farm and couldn't walk well, Donny carried me on his back!

Parce que, quand Ernest Elephant est arrivé à Twinkle Farm, il était très timide, et Donny a été le premier à lui parler.

Because when Ernest Elephant came to Twinkle Farm, he was really shy and Donny was the first one to talk to him.

Parce que, quand Bouba et Boubette veulent courir dans la forêt, il va toujours avec eux, même s'il est fatigué.

Because when Bouba and Boubette want to run in the forest, he always goes with them, even if he is tired.

Parce que, quand Paquita Possum s'est cassé la patte, Donny a arrosé son jardin tous les jours jusqu'à ce qu'elle puisse remarcher.

Because when Paquita Possum broke her paw, Donny watered her garden everyday until she could walk again.

Parce que, quand Gloria Goat a construit sa maison en bois, Donny a fouillé dans toutes les poubelles de recyclage pour lui trouver des bâtons d'esquimaux.

Because when Gloria Goat was building her stick house, Donny went through all the recycling bins to find ice cream sticks for her.

Parce que, quand Charlie chick a perdu sa maman, elle était très triste, et Donny a fait toutes sortes de clowneries pour la faire rire.

Because when Charlie chick lost her mummy, she was really sad, so Donny did all sorts of tricks to make her laugh.

Voilà pourquoi on aime tous beaucoup Donny Donkey. Il est toujours là pour nous quand c'est important.

That's why we all love Donny Donkey very much! He is there for us when it counts.

Donny a toujours été si gentil avec nous qu'on a décidé de faire quelque chose de gentil pour lui.. D'abord, on a nettoyé sa chambre.

Donny had always been so nice to us that we decided to do something nice for him. First, we cleaned his bedroom.

On lui a montré que les fruits et les légumes sont non seulement sains, mais aussi délicieux.

We showed him that fruits and veggies are not only healthy but also delicious.

Nous lui avons donné du savon moussant pour que son bain devienne un moment agréable.

We gave him bubble bath so his bath time would be fun!

Pendant cinq bonnes minutes, Donny a été tout propre. Voici une photo de lui. Puis il a sauté dans une flaque de boue! Mais c'est notre Donny, et on l'aime comme il est.

For a whole five minutes Donny was all clean. Here is a photo of him. Then he jumped into a muddy puddle! That's our Donny though, and we love him just the way he is!

Tu vois ma chère, ce n'est pas important d'être parfait ou pas; ce qui compte, c'est d'avoir bon coeur.

You see my friend, it doesn't matter if we're perfect or not, what matters is having a good heart.

Je sais que tu as beaucoup de coeur, ma chère. Tu as pris soin de moi quand j'étais un tout petit chaton, et je m'en souviendrai toujours.

Ton ami Bubble qui t'aime tant.
XXX

I know that you have a great heart my friend. you took care of me when I was a tiny kitten, and I will always remember it.

Your friend Bubble who loves you.
XXX

Family
Famille

Messy
Désordonné

Sneaky
Rusé

Greedy
Goinfre

Burp
Rot

Fart
Prout

Smelly
Puant

Puke
Vomi

Sick
Malade

Sad
Triste

Shy
Timide

Tired
Fatigué

Angry
En colère

Brave
Courageux

Sharing
Partage

Happy
Heureux

To tidy up
Ranger

To clean
Nettoyer

To recycle
Recycler

Bubble bath
Bain moussant

Veggie patch
Potager

Watering can
Arrosoir

Shovel
Pelle

Rake
Râteau

Delicious
Délicieux

Broccoli
Brocoli

Asparagus
Asperge

Peas
Petits pois

Plate
Assiette

Glass
Verre

Fork & knife
Fourchette & couteau

To eat
Manger

Rencontre tes nouveaux amis. Meet your new friends.

Bubble Cat

Matty Monkey

Charlie Chick

April Alpaca

Bouba &
Boubette Dog

Paquita Possum

Donny Donkey

Gloria Goat

Ernest Elephant

www.ingramcontent.com/pod-product-compliance
Lightning Source LLC
Chambersburg PA
CBHW041605120626
46551CB00002B/315